Imię dziecka

Numer i adres

Numer w nagłych wypadkach

Data:

Karmić:

Czas	Żywność	Ilość

Zajęcia:

Pieluchy:

Czas — Robić siku / Kupa

Notatki

Spać:

Czas całkowity	Od	Do

Lista zakupów:

Data:

Karmić:

Czas	Żywność	Ilość

Spać:

Czas całkowity	Od	Do

Zajęcia:

Pieluchy:

Czas | Robić siku | Kupa

Notatki

Lista zakupów:

Data:

Karmić:

Czas	Żywność	Ilość

Spać:

Czas całkowity	Od	Do

Zajęcia:

Pieluchy:

Czas — Robić siku / Kupa

Notatki

Lista zakupów:

Data:

Karmić:

Czas	Żywność	Ilość

Zajęcia:

Pieluchy:

Czas | Robić siku | Kupa

Notatki

Spać:

Czas całkowity	Od	Do

Lista zakupów:

Data:

Karmić:

Czas	Żywność	Ilość

Spać:

Czas całkowity	Od	Do

Zajęcia:

Pieluchy:

Czas — Robić siku / Kupa

Notatki

Lista zakupów:

Data:

Karmić:

Czas	Żywność	Ilość

Zajęcia:

Pieluchy:

Czas — Robić siku / Kupa

Notatki

Spać:

Czas całkowity	Od	Do

Lista zakupów:

Data:

Karmić:

Czas	Żywność	Ilość

Zajęcia:

Pieluchy:

Czas — Robić siku / Kupa

Notatki

Spać:

Czas całkowity	Od	Do

Lista zakupów:

Data:

Karmić:

Czas	Żywność	Ilość

Zajęcia:

Pieluchy:

Czas — Robić siku / Kupa

Notatki

Spać:

Czas całkowity	Od	Do

Lista zakupów:

Data:

Karmić:

Czas	Żywność	Ilość

Zajęcia:

Pieluchy:

Czas — Robić siku / Kupa

Notatki

Spać:

Czas całkowity	Od	Do

Lista zakupów:

Data:

Karmić:

Czas	Żywność	Ilość

Zajęcia:

Pieluchy:

Czas — Robić siku / Kupa

Notatki

Spać:

Czas całkowity	Od	Do

Lista zakupów:

Data:

Karmić:

Czas	Żywność	Ilość

Spać:

Czas całkowity	Od	Do

Zajęcia:

Pieluchy:

Czas — Robić siku / Kupa

Notatki

Lista zakupów:

Data:

Karmić:

Czas	Żywność	Ilość

Zajęcia:

Pieluchy:

Czas — Robić siku / Kupa

Notatki

Spać:

Czas całkowity	Od	Do

Lista zakupów:

Data:

Karmić:

Czas	Żywność	Ilość

Zajęcia:

Pieluchy:

Czas — Robić siku / Kupa

Notatki

Spać:

Czas całkowity	Od	Do

Lista zakupów:

Data:

Karmić:

Czas	Żywność	Ilość

Zajęcia:

Pieluchy:

Czas — Robić siku / Kupa

Notatki

Spać:

Czas całkowity	Od	Do

Lista zakupów:

Data:

Karmić:

Czas	Żywność	Ilość

Spać:

Czas całkowity	Od	Do

Zajęcia:

Pieluchy:

Czas — Robić siku / Kupa

Notatki

Lista zakupów:

Data:

Karmić:

Czas	Żywność	Ilość

Spać:

Czas całkowity	Od	Do

Lista zakupów:

Zajęcia

Pieluchy:

Czas — Robić siku / Kupa

Notatki

Data:

Karmić:

Czas	Żywność	Ilość

Spać:

Czas całkowity	Od	Do

Zajęcia:

Pieluchy:

Czas — Robić siku / Kupa

Notatki

Lista zakupów:

Data:

Karmić:

Czas	Żywność	Ilość

Spać:

Czas całkowity	Od	Do

Zajęcia:

Pieluchy:

Czas — Robić siku / Kupa

Notatki

Lista zakupów:

Data:

Karmić:

Czas	Żywność	Ilość

Spać:

Czas całkowity	Od	Do

Zajęcia:

Pieluchy:

Czas — Robić siku / Kupa

Notatki

Lista zakupów:

Data:

Karmić:

Czas	Żywność	Ilość

Spać:

Czas całkowity	Od	Do

Lista zakupów:

Zajęcia:

Pieluchy:

Czas — Robić siku — Kupa

Notatki

Data:

Karmić:

Czas	Żywność	Ilość

Spać:

Czas całkowity	Od	Do

Lista zakupów:

Zajęcia:

Pieluchy:

Czas — Robić siku — Kupa

Notatki

Data:

Karmić:

Czas	Żywność	Ilość

Spać:

Czas całkowity	Od	Do

Zajęcia:

Pieluchy:

Czas — Robić siku / Kupa

Notatki

Lista zakupów:

Data:

Karmić:

Czas	Żywność	Ilość

Spać:

Czas całkowity	Od	Do

Lista zakupów:

Zajęcia:

Pieluchy:

Czas — Robić siku — Kupa

Notatki

Data:

Karmić:

Czas	Żywność	Ilość

Spać:

Czas całkowity	Od	Do

Zajęcia:

Pieluchy:

Czas — Robić siku — Kupa

Notatki

Lista zakupów:

Data:

Karmić:

Czas	Żywność	Ilość

Zajęcia:

Pieluchy:

Czas | Robić siku | Kupa

Notatki

Spać:

Czas całkowity	Od	Do

Lista zakupów:

Data:

Karmić:

Czas	Żywność	Ilość

Zajęcia:

Pieluchy:

Czas — Robić siku / Kupa

Notatki

Spać:

Czas całkowity	Od	Do

Lista zakupów:

Data:

Karmić:

Czas	Żywność	Ilość

Zajęcia:

Pieluchy:

Czas / Robić siku / Kupa

Notatki

Spać:

Czas całkowity	Od	Do

Lista zakupów:

Data:

Karmić:

Czas	Żywność	Ilość

Zajęcia:

Czas

Pieluchy:

Czas — Robić siku / Kupa

Notatki

Spać:

Czas całkowity	Od	Do

Lista zakupów:

Data:

Karmić:

Czas	Żywność	Ilość

Zajęcia:

Pieluchy:

Czas — Robić siku / Kupa

Notatki

Spać:

Czas całkowity	Od	Do

Lista zakupów:

Data:

Karmić:

Czas	Żywność	Ilość

Zajęcia:

Pieluchy:
Czas — Robić siku / Kupa

Notatki

Spać:

Czas całkowity	Od	Do

Lista zakupów:

Data:

Karmić:

Czas	Żywność	Ilość

Spać:

Czas całkowity	Od	Do

Zajęcia:

Pieluchy:

Czas — Robić siku / Kupa

Notatki

Lista zakupów:

Data:

Karmić:

Czas	Żywność	Ilość

Spać:

Czas całkowity	Od	Do

Zajęcia:

Pieluchy:

Czas — Robić siku / Kupa

Notatki

Lista zakupów:

Data:

Karmić:

Czas	Żywność	Ilość

Spać:

Czas całkowity	Od	Do

Zajęcia:

Pieluchy:

Czas — Robić siku / Kupa

Notatki

Lista zakupów:

Data:

Karmić:

Czas	Żywność	Ilość

Zajęcia:

Pieluchy:

Czas — Robić siku / Kupa

Notatki

Spać:

Czas całkowity	Od	Do

Lista zakupów:

Data:

Karmić:

Czas	Żywność	Ilość

Spać:

Czas całkowity	Od	Do

Zajęcia:

Pieluchy:

Czas — Robić siku / Kupa

Notatki

Lista zakupów:

Data:

Karmić:

Czas	Żywność	Ilość

Zajęcia:

Pieluchy:

Czas — Robić siku / Kupa

Notatki

Spać:

Czas całkowity	Od	Do

Lista zakupów:

Data:

Karmić:

Czas	Żywność	Ilość

Zajęcia:

Pieluchy:

Czas — Robić siku / Kupa

Notatki

Spać:

Czas całkowity	Od	Do

Lista zakupów:

Data:

Karmić:

Czas	Żywność	Ilość

Zajęcia:

Pieluchy:

Czas — Robić siku / Kupa

Notatki

Spać:

Czas całkowity	Od	Do

Lista zakupów:

Data:

Karmić:

Czas	Żywność	Ilość

Zajęcia:

Pieluchy:

Czas — Robić siku / Kupa

Notatki

Spać:

Czas całkowity	Od	Do

Lista zakupów:

Data:

Karmić:

Czas	Żywność	Ilość

Zajęcia:

Pieluchy:

Czas — Robić siku / Kupa

Notatki

Spać:

Czas całkowity	Od	Do

Lista zakupów:

Data:

Karmić:

Czas	Żywność	Ilość

Zajęcia:

Pieluchy:

Czas — Robić siku / Kupa

Notatki

Spać:

Czas całkowity	Od	Do

Lista zakupów:

Data:

Karmić:

Czas	Żywność	Ilość

Spać:

Czas całkowity	Od	Do

Zajęcia:

Pieluchy:

Czas	Robić siku	Kupa

Notatki

Lista zakupów:

Data:

Karmić:

Czas	Żywność	Ilość

Zajęcia:

Pieluchy:

Czas / Robić siku / Kupa

Notatki

Spać:

Czas całkowity	Od	Do

Lista zakupów:

Data:

Karmić:

Czas	Żywność	Ilość

Zajęcia:

Pieluchy:

Czas — Robić siku / Kupa

Notatki

_____
_____
_____
_____
_____
_____
_____
_____

Spać:

Czas całkowity	Od	Do

Lista zakupów:

Data:

Karmić:

Czas	Żywność	Ilość

Zajęcia:

Pieluchy:

Czas — Robić siku / Kupa

Notatki

Spać:

Czas całkowity	Od	Do

Lista zakupów:

Data:

Karmić:

Czas	Żywność	Ilość

Spać:

Czas całkowity	Od	Do

Zajęcia:

Pieluchy:

Czas — Robić siku / Kupa

Notatki

Lista zakupów:

Data:

Karmić:

Czas	Żywność	Ilość

Spać:

Czas całkowity	Od	Do

Lista zakupów:

Zajęcia:

Pieluchy:

Czas — Robić siku / Kupa

Notatki

Data:

Karmić:

Czas	Żywność	Ilość

Zajęcia:

Pieluchy:

Czas | Robić siku | Kupa

Notatki

Spać:

Czas całkowity	Od	Do

Lista zakupów:

Data:

Karmić:

Czas	Żywność	Ilość

Zajęcia:

Pieluchy:

Czas — Robić siku / Kupa

Notatki

Spać:

Czas całkowity	Od	Do

Lista zakupów:

Data:

Karmić:

Czas	Żywność	Ilość

Zajęcia:

Pieluchy:

Czas — Robić siku / Kupa

Notatki

Spać:

Czas całkowity	Od	Do

Lista zakupów:

Data:

Karmić:

Czas	Żywność	Ilość

Zajęcia:

Pieluchy:

Czas

Robić siku / Kupa

Notatki

Spać:

Czas całkowity	Od	Do

Lista zakupów:

Data:

Karmić:

Czas	Żywność	Ilość

Spać:

Czas całkowity	Od	Do

Zajęcia:

Pieluchy:

Czas | Robić siku | Kupa

Notatki

Lista zakupów:

Data:

Karmić:

Czas	Żywność	Ilość

Zajęcia:

Pieluchy:

Czas / Robić siku / Kupa

Notatki

Spać:

Czas całkowity	Od	Do

Lista zakupów:

Data:

Karmić:

Czas	Żywność	Ilość

Zajęcia:

Pieluchy:

Czas — Robić siku — Kupa

Notatki

Spać:

Czas całkowity	Od	Do

Lista zakupów:

Data:

Karmić:

Czas	Żywność	Ilość

Spać:

Czas całkowity	Od	Do

Zajęcia:

Pieluchy:

Czas / Robić siku / Kupa

Notatki

Lista zakupów:

Data:

Karmić:

Czas	Żywność	Ilość

Zajęcia:

Pieluchy:

Czas | Robić siku | Kupa

Notatki

Spać:

Czas całkowity	Od	Do

Lista zakupów:

Data:

Karmić:

Czas	Żywność	Ilość

Zajęcia:

Pieluchy:

Czas — Robić siku — Kupa

Notatki

Spać:

Czas całkowity	Od	Do

Lista zakupów:

Data:

Karmić:

Czas	Żywność	Ilość

Spać:

Czas całkowity	Od	Do

Zajęcia:

Pieluchy:

Czas — Robić kupa / siku

Notatki

Lista zakupów:

Data:

Karmić:

Czas	Żywność	Ilość

Zajęcia:

Pieluchy:

Czas	Robić siku	Kupa

Notatki

___

Spać:

Czas całkowity	Od	Do

Lista zakupów:

Data:

Karmić:

Czas	Żywność	Ilość

Spać:

Czas całkowity	Od	Do

Zajęcia:

Pieluchy:

Czas — Robić siku — Kupa

Notatki

Lista zakupów:

Data:

Karmić:

Czas	Żywność	Ilość

Zająca:

Pieluchy:

Czas — Robić siku / Kupa

Notatki

Spać:

Czas całkowity	Od	Do

Lista zakupów:

Data:

Karmić:

Czas	Żywność	Ilość

Spać:

Czas całkowity	Od	Do

Lista zakupów:

Zajęcia:

Pieluchy:

Czas — Robić siku / Kupa

Notatki

Data:

Karmić:

Czas	Żywność	Ilość

Zajęcia:

Pieluchy:

Czas / Robić siku / Kupa

Notatki

Spać:

Czas całkowity	Od	Do

Lista zakupów:

Data:

Karmić:

Czas	Żywność	Ilość

Spać:

Czas całkowity	Od	Do

Zajęcia:

Pieluchy:

Czas — Robić siku / Kupa

Notatki

Lista zakupów:

Data:

Karmić:

Czas	Żywność	Ilość

Spać:

Czas całkowity	Od	Do

Zajęcia:

Pieluchy:

Czas — Robić siku / Kupa

Notatki

Lista zakupów:

Data:

Karmić:

Czas	Żywność	Ilość

Spać:

Czas całkowity	Od	Do

Zajęcia:

Pieluchy:

Czas — Robić siku / Kupa

Notatki

Lista zakupów:

Data:

Karmić:

Czas	Żywność	Ilość

Spać:

Czas całkowity	Od	Do

Zajęcia:

Pieluchy:

Czas | Robić siku | Kupa

Notatki

Lista zakupów:

Data:

Karmić:

Czas	Żywność	Ilość

Zajęcia:

Pieluchy:

Czas | Robić siku | Kupa

Notatki

Spać:

Czas całkowity	Od	Do

Lista zakupów:

Data:

Karmić:

Czas	Żywność	Ilość

Zajęcia:

Pieluchy:

Czas — Robić siku / Kupa

Notatki

Spać:

Czas całkowity	Od	Do

Lista zakupów:

Data:

Karmić:

Czas	Żywność	Ilość

Spać:

Czas całkowity	Od	Do

Zajęcia:

Pieluchy:

Czas	Robić siku	Kupa
	⬡	◯
	⬡	◯
	⬡	◯
	⬡	◯
	⬡	◯
	⬡	◯
	⬡	◯
	⬡	◯
	⬡	◯
	⬡	◯

Notatki

Lista zakupów:

Data:

Karmić:

Czas	Żywność	Ilość

Zajęcia:

Pieluchy:

Czas — Robić siku / Kupa

Notatki

Spać:

Czas całkowity	Od	Do

Lista zakupów:

Data:

Karmić:

Czas	Żywność	Ilość

Zajęcia:

Pieluchy:

Czas | Robić siku | Kupa

Notatki

Spać:

Czas całkowity	Od	Do

Lista zakupów:

Data:

Karmić:

Czas	Żywność	Ilość

Zajęcia:

Pieluchy:

Czas | Robić siku | Kupa

Notatki

Spać:

Czas całkowity	Od	Do

Lista zakupów:

Data:

Karmić:

Czas	Żywność	Ilość

Spać:

Czas całkowity	Od	Do

Zajęcia:

Pieluchy:

Czas — Robić siku — Kupa

Notatki

Lista zakupów:

Data:

Karmić:

Czas	Żywność	Ilość

Zajęcia:

Pieluchy:

Czas — Robić siku / Kupa

Notatki

Spać:

Czas całkowity	Od	Do

Lista zakupów:

Data:

Karmić:

Czas	Żywność	Ilość

Spać:

Czas całkowity	Od	Do

Zajęcia:

Czas

Pieluchy:

Czas — Robić siku / Kupa

Notatki

Lista zakupów:

Data:

Karmić:

Czas	Żywność	Ilość

Zajęcia:

Pieluchy:

Czas | Robić siku | Kupa

Notatki

Spać:

Czas całkowity	Od	Do

Lista zakupów:

Data:

Karmić:

Czas	Żywność	Ilość

Zajęcia:

Pieluchy:

Czas — Robić siku / Kupa

Notatki

Spać:

Czas całkowity	Od	Do

Lista zakupów:

Data:

Karmić:

Czas	Żywność	Ilość

Zajęcia:

Pieluchy:

Czas — Robić siku / Kupa

Notatki

Spać:

Czas całkowity	Od	Do

Lista zakupów:

Data:

Karmić:

Czas	Żywność	Ilość

Spać:

Czas całkowity	Od	Do

Zajęcia:

Pieluchy:

Czas — Robić siku — Kupa

Notatki

Lista zakupów:

Data:

Karmić:

Czas	Żywność	Ilość

Spać:

Czas całkowity	Od	Do

Zajęcia:

Pieluchy:

Czas — Robić siku / Kupa

Notatki

Lista zakupów:

Data:

Karmić:

Czas	Żywność	Ilość

Zajęcia:

Pieluchy:

Czas — Robić siku / Kupa

Notatki

Spać:

Czas całkowity	Od	Do

Lista zakupów:

Data:

Karmić:

Czas	Żywność	Ilość

Zajęcia:

Pieluchy:

Czas — Robić siku / Kupa

Notatki

Spać:

Czas całkowity	Od	Do

Lista zakupów:

Data:

Karmić:

Czas	Żywność	Ilość

Spać:

Czas całkowity	Od	Do

Zajęcia:

Pieluchy:

Czas — Robić siku — Kupa

Notatki

Lista zakupów:

Data:

Karmić:

Czas	Żywność	Ilość

Zajęcia:

Pieluchy:

Czas | Robić siku | Kupa

Notatki

Spać:

Czas całkowity	Od	Do

Lista zakupów:

Data:

Karmić:

Czas	Żywność	Ilość

Spać:

Czas całkowity	Od	Do

Zajęcia:

Pieluchy:

Czas   Robić siku   Kupa

_____ ⬡ ◯
_____ ⬡ ◯
_____ ⬡ ◯
_____ ⬡ ◯
_____ ⬡ ◯
_____ ⬡ ◯
_____ ⬡ ◯
_____ ⬡ ◯
_____ ⬡ ◯
_____ ⬡ ◯

Notatki

Lista zakupów:

Data:

Karmić:

Czas	Żywność	Ilość

Zajęcia:

Pieluchy:

Czas — Robić siku / Kupa

Notatki

Spać:

Czas całkowity	Od	Do

Lista zakupów:

Data:

Karmić:

Czas	Żywność	Ilość

Spać:

Czas całkowity	Od	Do

Zajęcia:

Pieluchy:

Czas | Robić siku | Kupa

Notatki

Lista zakupów:

Data:

Karmić:

Czas	Żywność	Ilość

Zajęcia:

Pieluchy:

Czas — Robić siku / Kupa

Notatki

Spać:

Czas całkowity	Od	Do

Lista zakupów:

Data:

Karmić:

Czas	Żywność	Ilość

Spać:

Czas całkowity	Od	Do

Zajęcia:

Pieluchy:

Czas — Robić siku / Kupa

Notatki

Lista zakupów:

Data:

Karmić:

Czas	Żywność	Ilość

Spać:

Czas całkowity	Od	Do

Zajęcia:

Pieluchy:
Czas — Robić siku — Kupa

Notatki

Lista zakupów:

www.ingramcontent.com/pod-product-compliance
Lightning Source LLC
Chambersburg PA
CBHW081710100526
44590CB00022B/3730